元大都的兴建
明清时期北京城的发展完善
漫游中轴线

漫游中轴线

高小龙◎著 | 于连成◎绘

北京燕山出版社
BEIJING YANSHAN PRESS

图书在版编目 (CIP) 数据

漫游中轴线 / 高小龙著 ；于连成绘． -- 北京 ： 北京燕山出版社， 2022.2

ISBN 978-7-5402-4858-1

Ⅰ.①漫… Ⅱ.①高… ②于… Ⅲ.①北京－地方史－通俗读物 Ⅳ.① K291-49

中国版本图书馆 CIP 数据核字（2020）第 105474 号

漫游中轴线

作　　者：高小龙 / 著　于连成 / 绘
责任编辑：马天娇　李瑞芳
封面设计：耿中虎
内文排版：万卷九州
出版发行：北京燕山出版社有限公司
社　　址：北京市丰台区东铁匠营苇子坑 138 号嘉城商务中心 C 座
邮　　编：100079
电话传真：86—10—65240430（总编室）
印　　刷：北京富诚彩色印刷有限公司
开　　本：710mm×1000mm　1/16
字　　数：60 千字
印　　张：5
版　　次：2022 年 2 月第 1 版
印　　次：2022 年 2 月第 1 次印刷
Ｉ Ｓ Ｂ Ｎ：978-7-5402-4858-1
定　　价：58.00 元

目　　录

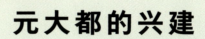

元大都的兴建

　　亲爱的读者，如果有一天你事业有成，祖国大地任你选，你会选在哪儿建你的"豪宅"、别墅？

　　背后有连绵的青山，前面是一望无际的田野，身旁流淌着碧绿的湖水，头顶有一行行大雁飞过澄净的蓝天，春有百花秋有月，夏有凉风冬有雪……这样的地方，你会选吗？

　　如果你真的选了这样的地方，那么，你和元代开国皇帝忽必烈的想法是一样的！忽必烈当年就是精心挑选了这样一个地方建造自己的"豪宅"——皇宫和帝国的都城——元大都。

　　至元四年（1267），忽必烈选定这块宝地后，马上选拔人才，召集能工巧匠，开始了都城的兴建工作。

　　至元三十一年（1294），元大都基本建成。元大都平面呈长方形，周长约28.6公里，面积约50平方公里，布局完整，道路规划整齐、经纬分明，是当时世界上最大的都市。明清时期的北京城就是在元大都的基础上改建和扩建的，元大都奠立了近代北京城的雏形。

　　元大都的建成，是城市建设史上的里程碑，是中国古代都城规划建筑的一件杰作。元大都是13～14世纪世界上最宏伟壮丽的城市之一，其严谨的规划布局，精湛的建筑技艺，都是当时世界上罕见的。

当年，欧洲"旅游达人"马可·波罗来到"汗八里"元大都时，

完全惊呆了："其美善之极，未可言宣！"

　　他无比景仰地走近皇宫，赞叹道："此宫壮丽富赡，世人布置之良，诚无逾于此者。顶上之瓦，皆红黄绿蓝及其他诸色，上涂以釉，光泽灿烂，犹如水晶。致使远处亦见此宫光辉，应知其顶坚固，可以久存不坏。"

他闲逛街市，抬眼观望，感叹道："街道甚直，此端可见彼端，盖其布置，使此门可由街道远望彼门也。""全城地面规划有如棋盘。"

马可·波罗在心中高喊：谁能告诉我，这个城市是谁设计的？是怎么建造成的？

元大都规划设计的总负责人，是忽必烈极为信任和倚重的汉臣刘秉忠。

刘秉忠对忽必烈的重要性几乎如同诸葛亮之于刘备。刘秉忠出身世宦之家，自幼聪颖好学，才识过人，但少年不得志，被迫弃官隐居山中，后来拜天宁寺高僧虚照为师，研修佛法。

是金子总会发光的。26 岁时一个偶然的机遇，让刘秉忠迎来了人生的开挂。蒙古乃马真后元年（1242），北方禅宗临济宗领袖海云禅师奉蒙古宗王忽必烈的诏令前往和林。当他路过云中时，听闻云游在此的刘秉忠博学多才，便邀刘秉忠同行。刘秉忠拜见忽必烈后，讲述佛法大意，忽必烈十分赞赏，多次垂询。

刘秉忠几乎无书不读，对天文、地理、律历、占卜等无不精通，尤其深入研究过《易经》及宋代邵雍的《黄极经世书》。此外，刘秉忠对天下事也了如指掌。忽必烈对刘秉忠相见恨晚，视若肱股，宠信有加，把他留在府邸任职。

此后，刘秉忠成为忽必烈的智囊团的核心成员，不仅为国家发展建言献策、建章立制，还承接了建设元大都的重任。

刘秉忠堪称一代奇人，在城市规划设计和建设方面也是一位专家。他曾于蒙古宪宗六年（1256）受命在漠南金莲川草原上设计建造元上都城，历时三年建成。忽必烈就是在此登基的。

　　元上都城的成功营建，为刘秉忠规划设计元大都城提供了经验。刘秉忠对元大都的规划设计，也奠定了如今北京城最初的城

市雏形。

自至元四年（1267）开始，刘秉忠奉命在原燕京城东北位置规划设计并开始建造一个规模宏伟、工程浩大的新都城，即元大都。

初建元大都时，刘秉忠首先划定了城市的南北中心轴线。

刘秉忠命人在中心轴线的北端处筑起一座高台（中心台），在高台北面的中心轴线上建造了钟楼，在高台南面依次建造了鼓楼、石桥、皇宫、御道、城门。在中心轴线的左右，均衡地安置衙署、兵营等"中央单位"，以及50处被称作"坊"的居民小区。

城市东西两侧的城墙、城门至中心轴线的距离都是相等的，而且这种城市布局一直保留到今天。东西相对应的广渠门与广安门到中心轴线的距离是相等的，阜成门与朝阳门到中心轴线的距离也是相等的，南北城墙上的城门亦是如此。

刘秉忠如将军般，每日站在如瞭望塔般的高台上"排兵布阵"、下达指令。不过，他比将军要站得久，思考处理的琐事也要多得多。

那么，是什么指引刘秉忠进行了这座国际大都市的规划建设？原来，他手里有本流传了近两千年的"宝典"——《周礼·考工记》。

《周礼·考工记》中记载着先人建造都城的规制："匠人营国，方九里，旁三门。国中九经九纬，经涂九轨。左祖右社，面朝后市，市朝一夫（古代长宽各百步为一夫之地）。""宝典"中的"国"即是都城，都城的基本格局全部书于纸上。

中国古代思想文化的主体是儒、道、佛。刘秉忠作为中国古代文化的集大成者，在建造都城时也将这三种思想融入了城市的规划建设之中，将官殿、官署集中在城市中轴和中心地区，体现了儒家的"中庸"和中央集权的思想。

依据"面朝后市"（亦称"前朝后市"）的布局，刘秉忠将

　　负责全国行政的中书省、管理全国军事的枢密院、主管监察的御史台等重要的"中央机关"，设置在皇宫之前的南侧区域，将商业区设置在皇宫之后北侧区域。

　　依据"左祖右社"的布局，刘秉忠将社稷坛规划设计在中轴西侧，将太庙规划设计在中轴东侧。都城南侧开三门，北侧开两门。

　　"左祖右社"的布局，和中国古代的风水学说也有契合之处。在道家的"五行"方位中，东为木、为春，代表万物生长，寓意子孙繁衍兴旺，所以祭祀祖先的太庙设在东侧；西为金、为秋，代表着丰收，同时，金寓意武器，武力可以保证江山社稷的平安，所以社稷坛设在西侧。

大都城的南城墙开了三个门：中央为丽正门，东侧为文明门，西侧为顺承门。北城墙开了两个门：东侧为安贞门，西侧为健德门。

北城墙的"安贞门"和"健德门"的名字由来，与儒家的重要经典《易经》有关。安贞门得名于《易经》坤卦的《象传》"安贞之吉，应地无疆"。健德门取意于《易经》乾卦的《象传》"天行健，君子以自强不息"和坤卦的《象传》"地势坤，君子以厚德载物"。

至元八年（1271），忽必烈废"蒙古"国号，改称为"元"，其思想理念也源于《易经》。《周易》的彖辞中有"大哉乾元，万物资始，乃统天"之句。此外，明清皇城中轴线上的"乾清宫""坤宁宫"两座重要建筑的取名，也体现了对儒家学说的尊崇。

在规划设计大都城时，南城墙与原有佛教建筑庆寿寺（双塔寺）重叠，为了保护寺院不受破坏，竟然生生地把城墙由笔直改为向外环绕，把寺院包在城墙内。元代人对佛教的崇敬，由此可见一斑。元大都城最终也成为了一个南北狭长的长方形。

二

明清时期北京城的发展完善

到了明代，农民出身的开国皇帝朱元璋虽然最初选择了离老家稍近点儿的六朝金粉之地——南京做国都，可在他死后，他的第四个儿子燕王朱棣就发动靖难之役，从北平（即元大都所在地）南下，起兵攻打建文帝（朱元璋之孙），最后攻破南京，从自家侄子的手中抢得了皇位，是为明成祖，年号永乐。

永乐十九年（1421），朱棣迁都北京。朱棣在位期间，大力营建北京紫禁城。这次营建时，他命人精细地规划建设了皇宫苑囿、衙署坛庙、城墙街巷，规划的准则仍是中轴统领、左右对称。

此后，明代再没有哪个帝王主动提出过离开这座名为北京的都城了。

其间，到了明代第十一位皇帝嘉靖帝时，国家稍微富裕了一点儿，还在旧城南面扩建了半座城，筑城墙、挖护城河、建城门。在城市中轴线与南城墙交会处，新建了一座外观雄伟精致上档次、名字高端吉祥有内涵的永定门，寓意"永远安定"！希望此门一建，天下就永远安定了。

清代，第一位走到北京城脚下的帝王是能征惯战的清太宗皇太极。当他看到这座雄伟壮观、风景如画的北京城，就再也不想回到那个天寒地冻、人烟稀少的东北老家了。国际化大都市是人人——不排除帝王——向往的地方。皇太极和身边的兄弟们都发誓要攻下京城，到中轴线上走走，到紫禁城太和殿内坐一坐。可惜，由于北京城城池牢固，城头架有红衣大炮，再加上明将袁崇焕的驰援，他们围攻数月仍是没能跨进北京城一步。

到了皇太极的儿子顺治皇帝继位后，清王朝想进入北京城的机会出现了。李自成率农民起义军占领北京城，吴三桂等一批边将降清，清王朝才渔翁得利，实现了打进北京城的梦想。

到了乾隆皇帝在位时，撰写了《帝都篇》和《皇都篇》，详尽描述了北京作为帝王之都的意义和价值，并命人刻在石碑上，立碑于永定门外燕墩：

帝都篇

天下宜帝都者四，其余偏隘无足称。

轩辕以前率荒略，至今涿鹿传遗城。

丰镐颇得据扼势，不均方贡洛乃营。

天中八达非四塞，建康一堑何堪凭！

惟此冀方曰天府，唐虞建极信可征。

右拥太行左沧海，南襟河济北居庸。

会通带内辽海外，云帆可转东吴粳。

幅员本朝大无外，丕基式廓连两京。

我有嘉宾岁来集，无烦控御联欢情。

金汤百二要在德，兢兢永勖其钦承。

此外，乾隆还在《帝都篇》中指出：圣明的皇帝选地兴都"在德不在险"，他说大清立国百余年的关键在"德"，他要兢兢业

业以先世德政勖勉，使大清基业发扬光大，传之永远。

　　清代的几百年中，北京的城市功能不断得到完善，城内的建筑、人口不断增加。而中轴线，更是统治者重金打造的地方。中轴线上的建筑当然也是全城乃至全国最雄伟、最有气势、最精致、最美丽、最能代表皇家气派、最……

　　你能想起的所有好词，都可以用在它身上。

漫游中轴线

北京中轴线，是北京城老城的"脊梁"和"灵魂"。它是自元大都、明清北京城以来北京城市东西对称布局建筑物的对称轴，北京城的许多其他建筑物也位于这条轴线上。

北京中轴线上的建筑南起永定门，向北经正阳门、天安门，故宫、景山、万宁桥，直抵钟鼓楼。中轴线两侧的古代建筑形成北京两翼对称的城市格局。本书除了对中轴线上的建筑进行介绍外，也会提及中轴线附近的天坛、先农坛、天桥一带。

北京申奥成功后，中轴线再次向北延长，成为奥林匹克公园的轴线。轴线东边建造国家体育场（鸟巢），西边则是国家游泳中心（水立方）。再向北，轴线穿过奥林匹克公园，到达奥林匹克森林公园，该公园中间的仰山、奥海均在中轴线上。

北京中轴线区域，汇集着北京古代城市建筑的精髓，见证北京城的沧桑变迁。中轴线区域是中国乃至世界上文化遗产、文物古迹、博物馆、公园、大型歌剧院最密集的地方！

一、中轴线南端的起点——永定门

按官方的说法，北京中轴线全长7.8公里，南端从永定门算起。不过，历史地理学家侯仁之先生曾说过，中轴线有官方的，也有民间的。他通过亲自实地考察并查阅文献证实：一出永定门跨过护城河，在南面还曾有高大的牌楼、南顶娘娘庙（在城外北面中轴线上也有相对应的北顶娘娘庙，位于今天奥林匹克公园的"鸟巢"旁）和高耸的燕墩。永定门外在清代、民国时期比城门内还要热闹、繁华。

庙会是旧时中国人主要的娱乐场所、民间贸易场所、社交场所。食品百货地摊、牙行媒婆、杂耍的、算命的、游医郎中、行脚僧道，庙会上应有尽有。明初时，天桥一带也属于城外；清代时，八旗满族人居住在内城，汉人居住在包括天桥地区的外城。天桥地区的景象与永定门外十分相似，官府看管较弱的地方，也是民间经贸文娱繁荣兴盛的地方。当然，也是鱼龙混杂、社会治安较差的地方。

明清时期的永定门城楼、箭楼、瓮城等古建筑于 1957 年在城市扩建时被拆除，现今的城楼是 2003 年在原址北边的不远处

复建的，城楼的外观样式、内在布局和建筑工艺（夯土青砖筑台，
木结构梁架，琉璃瓦挂顶），高度、体量等与清代文献档案记录
吻合。虽然如此，仍有专家对此耿耿于怀，怒斥其为"假古董"。

其实，中国古代建筑除了云岗石窟、敦煌石窟等石窟寺外，大多是砖木结构。木头差一点儿的十几年、好一点儿的上百年都会糟朽。古建筑修缮中有个名词叫"落架大修"，行业的做法一般是将原房屋拆除到砖石地基，然后"偷梁换柱"、垒砖挂瓦，照原样重新盖起。没有哪个古建筑练过金钟罩铁布衫、具有百年不破的真身。

其实，如果深究较真，明代的永定门和南城，当初还真的是一项"偷工减料"的"烂尾工程"。永定门最初是明嘉靖皇帝下令建造的。嘉靖在成为皇帝之前，本来在湖北承天府（今湖北钟祥市）当着兴献王，可在他15岁时，天上掉下一个大馅饼，砸中了他。明武宗朱厚照驾崩，皇后和大臣们精挑细选，最后确定由近亲兴献王朱厚熜继承皇位。年少的朱厚熜最初并没有被这个馅饼砸晕，当政后宽以待民、整顿朝纲、轻徭薄赋、重振国政，出现了国泰民安的"嘉靖中兴"局面。嘉靖三十二年（1553），兵科给事中朱伯辰奏请修建外城，理由是太祖朱元璋修建的南京城就有外城，现在的北京城外"居民繁夥，无虑数十万户，又四方万国商旅，货贿所集，宜有以围之"。而且，城外有元代土城遗址可以利用，不用耗费巨资。嘉靖经过派大臣进一步考察和论证后认为可行，同意建设外城，还特意到祖庙祭祀，以告先祖。之后，他下诏书告知百官："古者建国必有内城外郭，以卫君守民。我成祖肇化北京，郭犹未备，盖定鼎之初未遑及此。兹用臣民之议，先告闻于祖考，爰建重城，周围四罗，以成我国家万世之业。择闰三月十九日兴工。"

表面上看，这个上层决策可以顺利实施了，可在中国的历史长河中，始终存在着一种本不该出现但却从不缺失的现象：有人想干事，就有人跳出来专门"坏事"、败事。明代修建外城时也遇到了这样的情况。当时的朝廷中，有一个名叫严嵩的大奸臣担任内阁首辅，把持朝政。此人能得此高位，靠得就是善于揣摩皇帝心思，献媚讨好皇帝，并不惜陷害忠良、败坏朝纲。南城墙开建后，嘉靖皇帝在严嵩的陪同下进行了一次视察。严嵩观察到，嘉靖帝在现场对工程的浩大表现出了一丝迟疑的态度，面露难色，他立刻进言给皇帝解除心忧：工程可以分期开展，第一期先把城南一部分修建起来，将来国家经济富足了再修建剩余的部分。在严嵩的心中，哄皇帝高兴比什么都重要。他的话让嘉靖帝龙颜大悦。结果是外城墙变矮变薄了，永定门也只建了低矮的城楼，没有瓮城和箭楼。另外，又在城墙西南角和东南角，通惠河进出城门的地方修建了西便门和东便门。当时，内城正阳门东西两侧的城门分别名为"崇文""宣武"，非常有文化底蕴，很大气。可到了南城，只简单地以中轴线为中心，左边的城门起了个"左安门"之名，右边的城门起了个"右安门"之名，"偷工减料"、敷衍了事竟到了如此地步！而严嵩所说的等以后国家经济富足了再继续修建城墙一事，直到明代灭亡也没有再提起。

明代南城的建造，使长方形的北京城变成了"冒"形。以后数百年间，北京南城还有"冒城"的俗称。

直到清乾隆三十二年（1767）时，永定门才重修了城楼、增建起了瓮城和箭楼。在20世纪五十年代，它们又分两批被拆除。如今复建的永定门，是按乾隆时期的样式建造的。

在二十世纪，有一位瑞典的文化学者奥斯伍尔德·喜仁龙多次来到中国，对北京的城门和城墙情有独钟，不仅进行了较为详细的考察和测绘，还在回到居住地巴黎后，撰写了《北京的城墙和城门》一书。他在书中说道："永定门是外城最大、最重要的

城门。……它的体躯高大，修整完好的城楼，给人以雄奇壮伟的印象。"

　　近年来，永定门周边不断被进行整治和绿化，门外南侧修建了小广场，瓮城的部分遗址也在地面上"亮了出来"。门内北侧的明清御道也重修了，并保留了几段坑洼不平的古代石板路面。

御道两旁古代店铺所在的位置，都种上了绿树花草，建成了永定门公园。

　　御道原有的功能失去了，但更贴近了北京作为宜居之都的需求。下棋、遛弯、跳舞的老人，放风筝、滑旱冰、骑童车的小朋友，都把这里当作"天堂"。永定门城楼也成为北京市爱国主义教育基地，经常举办展览和文化活动。城台上更是观赏南侧的燕墩、护城河和城市新貌的最佳去处。

二、天坛、先农坛

　　从永定门往北，中轴线东西两侧为天坛和先农坛（明代时称为山川坛），是昔日帝王们祭祀神灵的地方。明初时，它们所在的位置都在城外，选址遵循了远古帝王祭祀于郊的传统。

　　古人认为，郊外安静空旷、空气清新，更利于与天地神灵沟通对话。按中国古代天南地北的方位理念，天坛自然设于城南，地坛设于城北。

　　我国先秦时期的重要历史人物左丘明在其历史著作《左传》中有一句名言："国之大事，在祀与戎，祀有执膰，戎有受脤，神之大节也。"祭祀是君王敬神的重要礼节。

　　北京民间一直有"九坛八庙"的俗语，指的就是那些北京都城内最重要的皇家祭祀场所。它们或位于中轴线上，或在中轴线两侧对称分布。

九坛指的是：祭天之所天坛；祭地之所地坛；拜日之所朝日坛；祭月之所夕月坛；祭祀先农之所先农坛；祭祀土地神和五谷神之所社稷坛；祭祀蚕桑神之所先蚕坛（清乾隆时迁建于今北海公园内）；祭祀祈求五谷丰收之所祈谷坛（天坛院内）；祭祀太岁神及十二月将神、祈求风调雨顺之所太岁坛（先农坛院内）。

八庙指的是：供奉皇家先祖的太庙；故宫内廷祭祀皇族祖先的家庙奉先殿；故宫内廷祭祀三皇五帝等先贤的场所传心殿；皇家灵堂寿皇殿；皇家藏传佛教庙宇雍和宫；清初皇家按满族人传统方式祭祀先祖和神灵之所堂子；祭祀历代帝王之所历代帝王庙；

祭祀孔子和儒家先贤之所孔庙。

　　有人可能会有疑问：这么多坛庙，皇帝祭祀得过来吗？按照封建礼仪制度，每年有皇帝亲自参加的大祭，也有皇帝派皇亲和大臣代劳的小祭。故宫内廷和皇城内的祭祀场所，皇帝则是根据时间安排进行祭祀。

　　在众多祭坛的祭祀活动中，到先农坛的祭祀是十分重要的。中国古代几千年来以农耕文明为主，祭祀神灵的目的主要是祈求风调雨顺、五谷丰登。明清的皇帝们在先农坛祭祀时，除了向神灵献上丰富的祭品、焚香祈祷之外，还要在观耕台前的一亩三分地里亲自躬耕陇亩、牵牛扶犁。"一亩三分地"也成了个专有名词。

　　皇帝们每次都要在田里牵牛来回走三趟。皇亲近臣们要来回走九趟，皇帝还要坐在观耕台上监督，指点、评判。

　　清代乾隆皇帝在 79 岁高龄时还到先农坛祭祀，并赋诗一首，

以表祈求风调雨顺、农桑丰收的愿望："布政宜敦本，当春乃劝农。良辰耕帝耤，膏雨遍畿封。"

古时候，先农坛占地面积较大，接近天坛的一半。坛内还建有象征江河湖海的大水池，供皇帝祭拜，祈求不要发生洪涝和海啸。清王朝灭亡后，先农坛逐渐被蚕食、改建，先后建成了城南公园、游艺场、体育场，育才学校也搬了进来，有些地方还建造起了民宅。

目前，部分坛墙和保存丰收成果的神仓、祭神的主殿太岁殿、

宰杀祭祀所用牛羊牲畜用的宰牲亭、观耕台、祭祀前后更换礼服的具服殿等几处大型古建筑群都完好地保存了下来。先农坛中皇帝祭祀完成后犒赏百官的庆成宫，也成为两坛中距离中轴线大道上最近的一组古建筑群。

明清时，被宰杀的牲畜在完成祭祀后，也会被切分给陪同皇帝参加祭祀的皇亲和大臣。写着祭文的丝帛，在念完后要恭敬地放入焚帛炉烧掉。

在天坛祭天时，也是类似的祭祀仪轨，人员规模还超过了先农坛。今天的天坛，除了人们熟悉的祈年殿、圜丘坛等设立于坛内主轴线上的古建筑之外，还保留有斋宫古建筑群，为皇帝提前一天入住、吃斋静心的场所；神乐署古建筑群，是培训乐舞生的地方。明清举行皇帝祭祀大典，乐舞生队伍最多时达到 2000 余人，少时也有 500 人左右。

随着中轴线保护整治力度的加大，先农坛肯定会像天坛一样，成为一处人们争相游览的地方。

只有走进这些坛庙，才能了解我们祖先对天地日月山川万物、对我们生存环境的敬畏之心，才能真正体会到中华民族几千年传承的礼仪传统，而这也正是现代人应传承和保持的。祭祀不是因为迷信，而是因为敬畏，以礼仪教化天下。

对大自然的敬畏，并不影响人们对其进行科学的探寻和研究。只有在敬畏的基础上不断地去深入认识、探寻，发现其历史演变规律，人类才能与之更好地和谐相处。

天坛西侧，中轴线旁边的北京自然博物馆就是这样一座科学殿堂，它极大地丰富了中轴线的文化内涵。

北京自然博物馆是中华人民共和国成立后依靠自己的力量筹建的第一座大型自然历史博物馆。古生物学家裴文中院士亲自担

纲筹备，于 1959 年正式建成开放。前三任馆长杨钟健、裴文中、周明镇都是中国科学院院士，他们在博物馆内培养了一大批研究人才。馆内收藏展出了恐龙、四不像、巨齿犀、中华侏罗兽等古动物化石和其他大量灭绝、稀有的动植物化石、标本，共约 20 余万件。馆内的科学家们至今仍每年去进行野外考察、收集、研究工作。近年来，博物馆还推出了一些观众参与体验项目，使青少年在这里更真实地体验到自然万物的神奇和美妙。

博物馆、歌剧院、大型商厦的不断兴起，已改变了昔日中轴线南段的面貌。

三、天桥一带

讲起中轴线南段，就不能不讲天桥一带。

在古代，这里曾有一条自西向东流淌的小河，具体位置就在今天的天坛和先农坛北侧一线。它与城市南北中轴线道交叉、垂直。据文献记载，元代时，为了交通方便，曾在此建起了一座小木桥。

　　明代时天坛、先农坛和"天子"专用御道建成，名声显赫的石砌"天桥"也应该是在那时修建的。直到民国早期，人们还可以看到这一座汉白玉石拱桥高高拱起在几近干涸的河道上，连接着永定门和正阳门。20世纪20年代，北京城内修建了从正阳门至永定门的有轨电车，石拱桥才被改成了平板桥。

　　天桥这一带为北京外城。清代初期时，内城只允许血统高贵

的满人居住，汉人全被赶到外城。前门外和原本荒凉的天桥地区，居民越来越多。到了清末和民国时期，内城逐渐形成了满汉杂居的现象，有钱人逐渐搬进城市功能完备的内城和距离内城较近的地区。

"物以类聚、人以群分"，南城地区逐渐以现在的两广路附近为分界线，形成了不同的城市形态。道路以北，聚集了会馆、大型商铺、银行、正规影剧院，居民以士大夫、文人、有一定财产的商人、有一定名气造诣的艺人、有一技之长的手工艺者为主。至今，在中轴线两旁仍保存着阳平会馆、珠市口基督教堂、大刀王五镖局等多处规模较大的文物古迹。而道路以南，房屋大多低矮、街巷凌乱，居民以城市贫民为主。做小买卖的、耍把式的也大多是以"撂地摊"、搭席棚子、走街串巷的方式来拉生意。道路南北两侧一半是下里巴人，一半是阳春白雪。

天桥一带的数十个空场上，摔跤的、耍中幡的、唱小曲儿的、练硬气功的、让蛤蟆说话让蚂蚁排队的，到处"藏龙卧虎"。但是，这些"龙""虎"很难登堂入室，进不了道路以北的大雅之堂。这种景象在清末民国时期尤其明显。当然，万事也不是绝对的，当年艺术大师侯宝林、新凤霞等就是从天桥地摊、小剧场起家，逐渐走进城内的现代化大剧场，并在中华人民共和国成立后成为全国闻名的人民艺术家的。

天桥一带的独特风情，给皇家气息浓厚的中轴线染上了一缕人间烟火气，让中轴线的色彩变得更为丰富、绚烂、活泼，充满生命力。肃穆宁静的中轴线，到此开始活跃喧嚣。

每一座城市，居民不可能全部由精英组成，五行八作、三教

九流都能共存共生，才能保证城市的运转，才会使它具有生机和

活力。而天桥的民间文化艺术，也是经过了千锤百炼才得以流传
下来。今天，许多民间文化艺术面临消亡，不是因为它们没有价值，
而是因为我们当代人走得太快了，无暇顾及，也是因为我们未能
正确和深入地了解它们，没有重视传承先辈留下的这些"宝贝"。
但愿有一天它们能够得到传承，让孩子们也能近距离地看一看，
走进场子学一学"掼跤""耍幡""戏法"，弹一弹单弦，敲一
敲书鼓，练一练武术。

　　这些源于民间的无形文化遗产，也是隐藏于中轴线之内的中
华文化瑰宝的一部分。保护中轴线，也应考虑一下保护天桥传承
数百年的独特文化，不能将其淹没丢弃。

现在，天桥一带已建立起多座大型剧场，中轴线上又修建了石拱桥、桥旁的《帝都篇》石碑、四面钟等仿古建筑和文化景观。

四、正阳门

正阳门，原名"丽正门"，俗称"前门""前门楼子""大前门"。它是中轴线上的重要建筑之一，位于天安门广场南边，是北京城内城的正南门。

正阳门始建于明成祖永乐十七年（1419），是老北京"京师九门"之一。它集城楼、箭楼、闸楼、瓮城、月墙、庙宇等于一身，是一座完整的古代防御性建筑体系。据地方志上记载：当时的城楼、箭楼规模宏丽，形制高大；瓮城气势雄浑，为老北京城垣建筑的代表之作。现仅存城楼和箭楼，是北京城内唯一保存较完整的城门。

每年春季，从南亚、大洋洲和非洲东部迁飞回来的雨燕，给正阳门城楼增添了许多暖意与活力。

明清时期，正阳门与内城南城垣连为一体，外有护城河围绕。正阳门箭楼前是三座石拱桥组成的"正阳桥"，南面是通向前门大街的"五牌楼"。后来，箭楼前的路面升高了，河道变成隐藏于地下的盖板河——暗河，正阳桥也被埋于地下。1992年，一支施工队伍在前门大街挖地下通道时，正阳桥曾重见天日。体形硕大、威武雄壮的石雕镇水兽，竟然仍卧于桥头堰堤之上，坚守着自己的职责。当时国家并没有批准对镇水兽进行考古发掘，于是出于保护文物的目的，施工队又重新将镇水兽掩埋。2021年八九月间，北京市文物局经批准对正阳桥遗址展开考古挖掘工作，镇水兽再次重见天日。这只镇水兽体量比以往发现的镇水兽都要大，而且雕刻风格别具一格，具有较高的艺术价值，是弥足珍贵的文物。

正阳门外的前门大街长1600米，行车道宽20米，比其他城门大街更宽。前门地区是老北京商业最发达的区域之一。借助地利，前门大街东西两侧几百年间一直是北京城最火爆的"CBD"。这里因地理位置特殊，自元大都建成后，商人们就开始"不求而自至，不集而自萃"。

当然，在中国几千年的历史上，政府的优惠政策和扶持，一直是经济发展的有力推手。明初，北京都城兴建时，就在正阳门

外西侧兴建了商业区——"廊房"，"召民居住，召商居货"，成就则是前门商业中心的兴起。

明万历年间，前门外地区的商铺达 1078 家。清代时，内城禁止开设戏园、会馆、妓院，正阳门外地区则无此禁令。清乾隆时所修的《日下旧闻考》记载："今正阳门前棚房比栉，百货云集，较前代尤盛。足徵皇都景物殷繁，既庶且富云。"此后二百多年间，这一商业区在"市场"这只看不见的手的推动下，不断扩大、商业店铺不断增多，蜚声海内外。

北京城几百年来不断发展，"前门外"商贾云集，在清末民国时期成为高档店铺、娱乐场所和金融机构争抢落户的地方。皇亲国戚和京官的生意，历来是最赚钱的买卖。而要与他们做生意，当然是距离越近越好。中轴线前门外，无疑是最佳选择。前门外有个"都一处"烧麦馆，传说当年某皇帝微服私访，夜晚就是在这个小店内吃的"快餐"；六必居酱园是一间小咸菜作坊，但其匾额相传是明代首辅大学士严嵩题写的；内联升鞋店靠为百官做

朝靴快速起家、迅速致富；药店同仁堂百余年里一直被选定为皇家配方供药。

　　前门大栅栏里商业繁荣，著名商号云集，老北京有句民谣说：

大栅栏里买卖全，绸缎烟铺和戏院。

药铺针线鞋帽店，车马行人如水淹。

　　清代时聚集在前门琉璃厂一带的戏班子，也常被叫到宫中演唱。中轴线前门外一块区域，从清末光绪年间开始，两侧逐渐兴建起十余座戏院、剧场，十余家高档餐馆，也是为了方便从内城

出来的达官贵人到此消费。这里的每座铺面背后都有一个不同寻常的故事，尤其是那些几经沉浮屹立不倒的百年老店。

位于廊房头条内、被列为全国重点单位的劝业场，自清光绪三十一年（1905）兴建后，经历了几次大火，而每次浴火重生后都是更加高大、豪华、气派，更加现代化。如今这一地区改建为"北京坊"，许多现代化商业建筑拔地而起，可劝业场仍然毫不落伍，依然较为显眼。

　　如今，前门大街和大街东西两侧都完成了整治工作，西侧大栅栏、东侧鲜鱼口、打磨厂历史街区都实现了电线入地、街巷绿化、修复老宅院、老字号重新开业等工作，这里的老住户更加依恋这块宝地。传统老街区与重焕青春的中轴线相互呼应，更加衬托出中轴线的魅力。

　　1906年，京奉铁路开通到正阳门箭楼前，正阳门旁的京奉铁路正阳门东车站也成为全国最大、最繁忙的火车站。这座保存完

好的火车站，可以算是清末"洋务运动"在京城内留下的"辉煌"成就。直到1959年新北京站建成，这座火车站才结束了53年的运营历史。在这53年里，孙中山的灵柩从这里起程运到南京，北平学生团体从这里乘车出发参加抗日队伍，毛泽东主席在这里迎接宋庆龄女士前来参加中华人民共和国的开国大典……

目前，它已成为中国铁道博物馆正阳门馆。博物馆建筑面积达9485平方米，馆内集收藏、陈列、宣传教育等功能于一体，分为"蹒跚起步""步履维艰""奋发图强""长足进步""科学发展"五大部分展览，通过照片、模型、影片、珍贵文物介绍中国铁路百余年的发展历史。从詹天佑的筚路蓝缕，到如今高铁的"中国名片""中国速度"，铁路的发展从一个侧面反映了近现代中华民族抗争、崛起、奋进的历程。这座车站作为中轴线上的一个重要文化景观，其发挥的作用不仅仅是让人们了解历史，更多的是让人们在感到光荣和自豪的同时，更加努力地开创未来。这也是文化遗产保护利用的目的之一。

北洋政府时期，北京还出现过一位十分能干的京都市政督办朱启钤，他开启了中轴线古建筑合理利用和大手笔改建的先河。在他的主持下，被清廷太监们辟为菜园的社稷坛，被改造成北平第一座对民众开放的公园——中山公园。先农坛被开辟为城南公园。他请来德国建筑师罗斯凯格尔，拆除了正阳门瓮城，改善了前门地区的交通状况。他在封闭了500年左右的皇城城墙上打开了四个口，在皇宫左右修建了两条路——南北池子大街、南北长街。正阳门外中轴线上跑起了有轨公交车。北京城的城市功能已开始转变，城市的主人不再是昔日的皇亲国戚。城市的发展目标是"既保留了一个古代北京辉煌灿烂的建筑奇迹，又满足了首都近代化发展的需要。"1916年，北京城外还建成了环城铁路，与通向外省的铁路相接，让北京城在全国的地位不断提升。朱启钤的不少举措影响深远，延续至今。中轴线的沧桑变化，刻写着国运的兴衰。

明清时，进了正阳门才算是真正进了北京城！明代修建北京城时，在正阳门和皇城正门的天安门之间，御道两侧建有千步廊（房前有走廊的官府建筑），并一直保留到民国时期。这里可以算是明清两代的中央政务区。明初，东侧千步廊为文官办公地——设有吏、户、礼、兵部和太医院，而西侧则为武官办公地和审判重大案件的督察院所在地。一条中轴线，很好地安排了国家行政机关的秩序，解决了文武对立的矛盾，"东边掌生、西边掌死"。清代时千步廊延续了原有的功能，继续维持着整个国家机器的运转。

千步廊的拆除者仍然是朱启钤。把封建帝国的都城改造成一个现代化城市，既是他的志向，也是他的行政指南。呆板低效的封建王朝衙署被拆除，温馨缤纷的花坛、树木出现在御道两侧。在正阳门和千步廊南侧大门大清门之间，还曾建造过人工喷泉。

1924年，一座四层的古典主义风格西洋楼宇在原西千步廊处建成。它是当时民办银行大路银行在北京的总部，由中国建筑师朱彬主持设计。大楼拥有半圆形穹顶，装修富丽堂皇。大楼顶部的钟楼上镶有四周路人皆可望见的电动时钟。一层厚重的黄铜大门从欧洲定制进口；楼内走廊、楼梯全为大理石铺装，墙面包裹着硬木墙围。如今，大楼旁开辟了中国钱币博物馆，常年举办古今钱币展览，介绍钱币历史、铸造工艺，以及我国银行、金融业的发展历史，并从"红色钱币"的角度展现革命历程。

五、天安门广场

　　天安门广场是世界上最大的城市中心广场。它北起天安门，南至正阳门，东起中国国家博物馆，西至人民大会堂，南北长880米，东西宽500米，面积达44万平方米，可容纳100万人举行盛大集会。广场内沿北京中轴线由北向南依次矗立着国旗杆、人民英雄纪念碑、毛主席纪念堂和正阳门城楼。

　　今天天安门广场的规划布局和建筑风貌，主要是1949年中华人民共和国成立后逐步形成的。

1949年1月31日北平和平解放，2月3日解放军在正阳门举行了盛大的和平入城阅兵式。2月12日，天安门广场聚集了20万军民，举办各界庆祝解放大会。9月21日召开的有全国各界代表662人参加的全国政治协商会议上确定：在天安门广场内、城市中轴线上建造人民英雄纪念碑。

1949年9月30日傍晚时分，第一届全国政治协商会议结束，依照会议决定，毛泽东主席、朱德总司令、周恩来总理与出席会议的全体代表来到天安门广场，举行了建立纪念碑奠基典礼。军乐队奏哀乐，全体人员脱帽默哀，毛泽东主席宣读由彭真等同志起草，最终由毛泽东主席修改定稿的碑文："三年以来，在人民解放战争和人民革命中牺牲的人民英雄们永垂不朽！三十年以来，在人民解放战争和人民革命中牺牲的人民英雄们永垂不朽！由此上溯到一千八百四十年，从那时起，为了反对内外敌人，争取民族独立和人民自由幸福，在历次斗争中牺牲的人民英雄们永垂不朽！"随后，以毛泽东主席为首的政协各单位首席代表一一执锨铲土，奠下纪念碑的基石。

此后，经全国广泛讨论，确定碑型。到1952年，全国优秀的建筑师和专家们共设计出了一百多种图案，经有关方面通过各种方式征求各界人民的意见，归纳、修正成最后的图样。

人民英雄纪念碑兴建委员会由北京市长彭真任主任委员，郑振铎、梁思成任副主任委员。委员会下设工程处，分设计、施工、采石、美术工作等7个组，进行工作。此外，专设一个委员会，在中国科学院现代史研究所所长范文澜领导下，研究浮雕所需的史料题材。

工作进程中，梁思成写信给彭真谈道："我以对国家和人民无限的忠心，对英雄们无限的崇敬，不能不汗流浃背、战战兢兢地要它千妥万贴才敢喘气放胆去做。"梁思成还请历史学家范文澜给参与设计的艺术家们讲课并发放书籍。范文澜详尽为大家介绍了从鸦片战争、太平天国运动、辛亥革命到五四运动多个重要历史阶段的时代特征、主要历史人物和历史事件特点。

最终审定，纪念碑底四周镶嵌八块浮雕，以展现近代以来中国人民谋求民族独立和人民解放的革命历程，八块浮雕确定为：

"虎门销烟"（艾中信绘画，曾祖韶雕刻）；

"金田起义"（李宗津绘画，王丙召雕刻）；

"武昌起义"（董希文绘画，傅天仇雕刻）；

"五四运动"（冯法祀绘画，滑田友雕刻）；

"五卅运动"（吴作人绘画，王临乙雕刻）；

"南昌起义"（王式廓绘画，萧传玖雕刻）；

"抗日游击战争"（辛莽绘画，张松鹤雕刻）；

"胜利渡长江"（彦涵绘画，刘开渠雕刻）。

每幅浮雕的负责人选，各由一位画家和一位雕塑家担任组长，并配备一至两位年轻雕塑家为助手。负责人都是当时中国造诣颇高的美术大师。其中，董希文还创作过巨幅油画《开国大典》，被国家博物馆收藏和展出。

人民英雄纪念碑于1949年9月30日奠基，1952年8月1日开工，1958年4月22日建成，1958年5月1日揭幕，历时九年建成。它是中华人民共和国政府为纪念中国近现代史上的革

命烈士而修建的纪念碑，是中华人民共和国成立后建设的第一个大型纪念性建筑，也是中国城市雕塑的奠基之作。

　　这座庄严巍峨的纪念碑，总高37.94米，占地3000多平方米，分为台座、须弥座和碑身三部分，是用17000块花岗石和汉白玉石建成的，是中国历史上最大的纪念碑。

碑身正面（北面）的碑心是一整块花岗岩，长14.7米、宽2.9米、厚1米，重60多吨。这块碑心石是中国建筑史上少有的完整的花岗岩，采自山东青岛，从开采到运输共有七千多人参与。

人民英雄纪念碑正面的碑心镌刻着毛泽东主席题写的"人民英雄永垂不朽"八个大字。背面的碑心由7块石材构成，内容为毛泽东主席起草、周恩来总理书写的碑文。

1958年8月，党中央决定，为庆祝中华人民共和国成立十周年、展现中华人民共和国建设十年来的成就，要改建天安门广场，并在首都建设十项重大公共建筑工程：人民大会堂、中国革命博物馆和中国历史博物馆（今中国国家博物馆）、中国人民革命军事博物馆、民族文化宫、民族饭店、北京火车站、工人体育场、农业展览馆、钓鱼台国宾馆、华侨大厦。这十大建筑全部由中国人自行设计与营造，所呈现的"中而新"风格，既延续民族特色，又体现时代风貌。

十大建筑中包括在人民英雄纪念碑左右两侧形成对称的人民大会堂、中国革命博物馆和中国历史博物馆。它们的建设方式、建设效率、建设速度，绝对都是世界奇迹！它们都是上一年决定建设第二年就告建成，边设计边施工，万人齐上、群策群力。

人民大会堂占地面积17.18万平方米，比故宫总建筑面积还多2万多平方米。当年的施工现场，平时每天1万多人同时施工，最多时一天有3.5万人。

人民大会堂的建筑风格吸取了古今中外建筑的精华，并具有民族风格。虽然人民大会堂方案设计借鉴了柱廊式等西方古建筑的韵律，但其整体构思却有地道的中国传统建筑思想文化内涵寄寓在其中。可以说是中西结合。

天安门广场南端的正阳门高 42 米、北端的天安门高 34.7 米、东侧的中国革命博物馆和中国历史博物馆高 42.5 米，西侧人民大会堂高 46.5 米，中央的人民英雄纪念碑高 37.94 米，国旗旗杆高 32.6 米。广场中央的人民英雄纪念碑的实际高度是低于周围大部分建筑的，国旗杆的实际高度也低于周围的建筑，但由于它们挺拔高耸、直指苍穹，在四周厚重敦实的巨型建筑衬托下，反而显得高出四周，却又不突兀孤立。

1977 年，天安门广场的中轴线上又增建了一座纪念性建筑——毛主席纪念堂。

毛主席纪念堂位于正阳门和人民英雄纪念碑的中间，坐南朝北，于 1977 年 9 月落成。纪念堂为主体建筑，由三部分组成：北大厅、瞻仰厅和南大厅。

北大厅正中间是毛主席的汉白玉坐像，坐像背后的墙上悬挂着描绘祖国江河大地的巨幅绒绣。瞻仰厅是纪念堂的核心部分，正中间的水晶棺中安放着毛主席的遗体，正面的墙面上镶着 17 个大字——"伟大的领袖和导师毛泽东主席永垂不朽"！南大厅的汉白玉墙面上，刻有毛主席亲笔书写的《满江红·和郭沫若同志》词，抒发了中国人民进行社会主义革命和建设的坚定决心和豪迈气概。

天安门广场的这几组现代化建筑，与周围的古建筑并无违和感，让人们觉得天安门广场整体十分庄重、和谐。

天安门城楼，是明清皇城的正门城楼，建成于明永乐十八年（1420），在明清两代是皇帝颁布诏令的地方。一旦遇有新皇帝登基、皇帝大婚等重大庆典活动，就要启用天安门。

1949 年 10 月 1 日，毛泽东主席在天安门城楼上宣告中华人

民共和国成立，并举行了阅兵仪式。从那时起到今天，中国举行
过多次党和国家领导人在天安门城楼上阅兵的盛大仪式，那是向
全中国全世界彰显国威的盛大而又令人震撼的场面。

　　天安门相对于中轴线上、京城中那些只能作为旅游景点或仍
被居民占用的文物古迹来说，绝对算得上是中国古代建筑在功能

上的华丽转身，新的政治象征意义更加显耀。

1988 年，为迎接北京国际旅游年，天安门城楼正式对社会开放，并允许观众拍照留念。这也是中轴线上文化遗产贴近人民、走近人民的一个范例。

六、故宫

故宫位于中轴线的正中，旧时被称为"紫禁城"，是明清两代的皇宫，现被辟为"故宫博物院"。1987 年，故宫被联合国教科文组织列入《世界文化遗产名录》。它被认为是"中国五个多世纪以来的最高权力中心，它以园林景观和容纳了家具及工艺品的 9000 个房间的庞大建筑群，成为明清时代中国文明无价的历史见证。"

故宫始建于明永乐四年（1406），建成于永乐十八年（1420）。故宫虽在明清两代一直被不断地营建、重建、改建、扩建，但基本规模仍是明永乐时期确定下来的紫禁城，至今在故宫内仍能看到许多明代的古建筑。

根据古代文献记载，当时紫禁城建设工程的总负责人为已年过七旬的泰宁侯陈珪，他曾跟随朱元璋和朱棣南征北战；协助办理具体事务的是安远侯柳升、成山侯王通、侍郎李友直；承担规划设计工作的是工部侍郎吴中、营缮清吏司郎中蔡信、太监阮安。在工程开展时具体负责督造的仍是泰宁侯陈珪、安远侯柳升、成山侯王通等一众官员。此外，还有众多官员，包括宋礼、师逵、古朴、史仲成等一批能臣，专门负责到四川、湖广、江西、浙江、山西等布政使司（相当于现在的省）备料、运输、采伐木材。修建紫禁城，从全国调用了十万工匠和百万夫役，其中最杰出的有三位"大国工匠"，瓦匠杨青、石匠陆祥、木匠蒯祥，他们不但从事具体施工，也参与了规划设计工作。

　　木匠蒯祥是公认的天安门城楼的设计者。蒯祥是江苏吴县雨帆村（现苏州市）人，自幼跟随技艺超群的"包工头"父亲蒯富走南闯北。蒯富由于技艺精湛，被明王朝选入京师，当了总管建筑皇宫的"木工首"。蒯富告老还乡后，蒯祥已在木工技艺和营造设计上成名，并继承父业，出任"木工首"。他设计承建的承天门（后来的天安门），受到了永乐皇帝的赞赏，对他封以官职，委以参与设计监管紫禁城皇宫建造的重任。在蒯祥等人的指挥下，三年左右的时间，一座雄伟的皇宫拔地而起。

　　紫禁城可以分为南北两个区域：南边区域是皇帝与大臣办公的地方，北边区域是皇帝与女眷们生活娱乐的地方，这一区域又

被简称为"三宫六院"。细看紫禁城中的布局，太和殿前面的广场宽大开阔，未种植被。太和殿矗立在三层高台上，文武群臣参拜皇帝，都是伏跪在天子脚下。大臣想看一眼皇帝，须抬头仰视。到了后宫区域，房屋相对较矮，小路互通，花木假山相间，小桥流水相伴，庭院各自独立，婆媳嫔妃互不相扰。这里终究是过日子的地方。

在乾清宫和坤宁宫之间，有一座交泰殿，凡遇元旦、千秋（皇后生日）等重大节日，皇后在这里接受朝贺。乾隆十三年（1748），乾隆皇帝把象征皇权的二十五玺收存于此，这里就成为了储印场所。清世祖顺治帝所立的"内宫不许干预政事"铁牌也竖立室中。当然，家庭中既要有规矩，也要有温情。交泰殿内的两副对联，充满脉脉温情："恒久咸和，迓天休而滋至；关雎麟趾，主王化之始基。""宝瑟和瑶琴，百子池边春满；金柯连玉叶，万年枝上云多。"两副对联的大意为：家里长久和睦，上天可赐福保佑家族兴旺。互敬互爱仁德贤惠，乃为一切教化的基础。夫妻琴瑟和鸣，必会多子多福，儿女们也会幸福绵长。如果仔细聆听，紫禁城中每一座殿堂，都如一曲传统文化的交响乐，宏大深邃、雍容典雅；城中的一砖一瓦、一草一木，都是相互呼应跳动的音符。如果仔细品味，紫禁城中的每一座亭台楼阁，又都似一场中华文明的盛宴，精致而丰富，色香味俱全。

从南北纵向来看，紫禁城除中轴线上依次排列着主要的宫殿之外，东西也是对称的，东边依次有文华殿、东六宫、斋宫、宁寿宫等多组建筑群，西边依次有武英殿、西六宫、慈宁宫、寿康宫等建筑群。

　　紫禁城从 1420 年建成后明永乐帝朱棣入住，到 1912 年清宣统帝溥仪颁布退位诏，其间有 24 位皇帝相继在此登基执政。近 500 年间，这里一直是中国古代王朝的政治中心，掌管着全国官吏和百姓的生杀大权、决定着国家和民族的命运。

　　中国古代坐在太和殿龙椅上的号称"天子"的皇帝，自认为可以左右天下一切事物。当然，也有一些大臣不这么认为，他们认为国家要按法度行事，天下是天子与大臣共同管理的，民为重、君为轻。因而，遇有皇帝昏暴奢靡，或是奸臣宦官当道、后宫外戚掌权之时，总有大臣挺身而出，上奏苦谏、为民请命，乃至以死相谏。

有明一代，多次出现宦官专权的局面，如正统年间的王振专权，成化年间的汪直专权，正德年间的刘瑾专权，天启年间的魏忠贤专权，导致政治腐败、民不聊生。而每到这时就有耿介忠臣站出来，犯颜直谏。

缘于紫禁城这种特殊的地位，近500年间在这里演绎了无数可歌可泣的壮举，诞生了无数心怀家国、为民请命的志士。他们人已作古，精神则化为中华民族的宝贵基因，塑造了一代又一代读书人的"初心"。

紫禁城在明清的近500年间，表面上是决定着文臣武将的生死，实际上是决定着国家和民族的走向与前途。

世界潮流浩浩荡荡，顺之者昌逆之者亡。1912年，中国历史上最后一位皇帝宣统帝溥仪在紫禁城正式退位，皇帝这个人人羡慕而又危险等级最高的职业，从中国大地上正式消失了。

1924年11月，支持孙中山北伐，领兵占领京城而又脾气火爆的冯玉祥，修改了原南京国民政府与清廷签订的《关于大清皇帝辞位后优待之条件》，把名义的皇帝溥仪请出紫禁城，并让他交出了"皇帝之宝""宣统之宝"两方玉玺。对于冯玉祥驱逐溥仪，当时社会上评论不一。遗老遗少骂他不守"天地君亲师"祖宗礼制；清廷旧朝官吏和一些坚持"依法治国"的新式知识分子认为他破坏了国家的诚信；先进的知识分子和群众则大声叫好。冯玉祥对这些声音的回答是："民国六年张勋复辟，破坏共和，捣乱虽在张逆，祸根实在清廷。看样子不取消清宫优待条件，不把逊帝那小孩子请出宫，今后难免有人再搞复辟，今后共和政体势难安宁！"

　　1925年10月10日，故宫博物院正式对外开放。中轴线上那些气势恢宏的建筑，让普通百姓第一次近距离得见其真容。故宫博物院开放的第一天，人们以争先一睹这座神秘的皇宫及其宝藏为快，城内万人空巷，交通为之堵塞，这也成为当天各大报纸的重大新闻。

　　此后多年，故宫博物院几经风雨，建筑未进行大规模的修缮，负责管理的部门苦苦支撑维持。

中华人民共和国成立后，故宫博物院制定了"着重保护、重点修缮、全面规划、逐步实施"的古建维修方针。经过几十年的努力，故宫博物院内许多残破、渗漏、濒临倒塌的大小殿堂楼阁得到了修复和油饰，越发显得金碧辉煌。故宫博物院内各处高大宫殿都安装了避雷设施，国家又以巨额投资建设了防火防盗监控系统和高压消防给水管网，使这座古老的宫殿建筑得到了更加有效的保护。

改革开放后，在政府的大力支持下，彻底整治了环绕故宫的筒子河，更好地展现了昔日皇城的风貌。故宫的宫墙外有一条环形的护城河，全长3500米，宽52米，深4.1米，老百姓称其为"筒子河"。宫墙与河垣之间有库房、厨房、宿卫值房、步道等，城北侧"筒子河"的河内侧生长着数十株古槐，外侧则是一排垂柳。自清帝退位后，紫禁城东西两侧不断地增建民居，直到二十世纪七八十年代，仍还有一些故宫博物院的职工住在筒子河内侧的居民区内。著名书法家刘炳森，就曾住在宫墙外西侧的大杂院中。那时，筒子河四角淤泥堆积，水浅处荷叶相拥、荷花飘香，水深处又成为人们游泳垂钓的去处。每日清晨，人们在此打拳、跑步、高声练嗓子，白天则常有许多绘画爱好者在河边支起画架、手托画板，将那三层重檐、九梁十八柱七十二条脊的角楼收入画中。故宫中精美的建筑数不胜数，可入画、入镜头最多的，还是这座在宫外就可以看到的角楼。

2018年，故宫博物院又对古建筑及地砖进行大面积修缮，其中包括养心殿修缮工程。

改革开放以来的几十年中，故宫不断扩大开放面积，尤其是东西两路。到 2019 年底，开放面积已达到总面积的 80%。

　　为了腾出更多的古建筑对社会开放，故宫博物院内还修建了面积巨大的现代化地下文物库房，故宫博物院收藏的一百八十六万两千六百九十件藏品，大部分都存入了地下库房。当观众站在那些大殿间的广场上，可能不会想到自己脚下就珍藏着众多的宝贝。近些年来，为了发挥这些文物在弘扬传播中华优秀传统文化方面的作用，故宫博物院每年都在武英殿和午门展厅举办临时展览，几乎每次展览都是人山人海、观者如潮。2015 年故宫博物馆举办了"石渠宝笈特展""《清明上河图》与历代风俗画"展，多件压箱底儿的珍品在时隔多年后再次展出，观众需要排队几个小时才能见到它们的真容，许多观众是凌晨就来到售票口排队，而最后一位观众离开时也是到了深夜。

　　2011年6月11日是中国第六个文化遗产日，北京中轴线申遗文物工程正式启动，包含故宫、天坛、永定门一线的古建筑群有望以"轴线"的形式整体收入世界文化遗产名录。让这些古建筑对社会开放，让全中国、全世界的人们来参观、欣赏，才能充分发挥这些古建筑的价值和作用。

七、景山

　　出紫禁城往北，是平地上冒出来的景山。景山又称"万岁山""煤山"，为元、明、清三代的皇家御苑。景山地处北京城的中轴线上，占地32.3万平方米，由五座山峰组成，是旧时北京城内的制高点。景山高耸峻拔，树木蓊郁，风光壮丽，是北京城内登高远眺、观览全城景致的最佳之处。

　　元代时，该处是个小山丘，名为"青山"。明成祖朱棣即位后下诏营建北京宫殿，在营建的过程中把拆除元代皇宫及城墙废弃的土渣和开挖护城河的废土在宫后堆筑了一座土山，该山在明朝前期被称为大内"镇山"，明万历时被命名为"万岁山"。据传明代兴建紫禁城时，曾在此堆放煤炭，故有"煤山"的俗称。清顺治时改名为"景山"，并沿用至今。山下遍植花草、果木，有"后果园"之称。封建帝王常来此赏花、习箭、饮宴，登山观景，是一座优美的皇家花园。

　　景山是一座人造山。它的出现，让中轴线上不仅有道路、建筑、石刻、人工开挖的护城河和运河，还增添了一座人工山体。

　　在中国古代的建筑风水观念中，"背山面水"是理想的居址环境。依据"青龙、白虎、朱雀、玄武，天之四灵，以正四方"之说，紫禁城的北面是玄武之位，应当有山，故明代时将废弃土渣堆积，形成山峰。在南边修建内金水河，这样就营造出了山水环抱的格局。此外，景山是元代皇宫后宫正殿——延春阁旧址，明代在这个旧址之上堆筑土山，也意在压制前朝的"风水"，镇住元朝王霸之气，所以这座土山曾被称为"镇山"。

　　明代末期，为阻止女真人的兴起，天启皇帝在术士们的蛊惑下，拆毁了金代帝王陵，并在陵区上修建关帝庙，希望关帝老爷能镇住"蛮人"，可结果还是没有终结女真人的发迹。明代最后一位皇帝崇祯，在李自成起义军攻入北京城时，到景山找了一棵歪脖老槐树自缢了。清军入关后，顺治帝命人给这棵老槐树套上一副铁链，赐名"罪槐"，以慰民心。1900年，八国联军攻打北京时，将套捆景山"罪槐"的铁链掠走。20世纪60年代，这棵大槐树被人为破坏而导致枯死。1981年，公园管理处将景山南坡的一棵小槐树移栽至老槐树原处。1996年，又将东城区建国门内北顺城街7号门前一株有一百五十多年树龄的古槐移植至老槐树原处，替代了1981年移植的小槐树。

明清时期，皇帝活着时在紫禁城，去世时就不能停留在宫中

了。景山山脚下的正北方，有一组名为寿皇殿的建筑，仿太庙建造，供明清两代皇帝停灵、存放遗像和祭祖。皇帝棺椁运走后牌位仍

陈列于此，终归这里与皇宫距离较近，又恰好隔了一座山，这种布局真可谓奇思妙想，一举多得：皇帝和皇亲国戚们在春节、逝世纪念日等特殊日子来此祭拜、追思祖先，路程方便，不用出皇城；灵位放在皇城内的中轴线上也没有辱没死者身份；一座青山将生死阴阳两隔，山南欢声笑语莺歌燕舞，山北亡灵互慰寂静安宁。由此可看出，中轴线上的一山一水、一殿一阁，布局安排都有大学问隐藏其中。

　　景山从地面到山顶的万春亭，垂直高度约 45.7 米，几百年间一直是中轴线和北京古城内的制高点。民国时期的大学者林语堂先生到此游览时说道："鸟瞰城市的最佳方法也许就是从宫殿后面煤山上的亭子里向下看。此处是这一带的最高点，离北城墙很近，能对整个城市一览无余。向下望去，皇城的绮靡光彩和壮丽辉煌展现于眼前。城市沿中轴线对称的规划设计很独特，其中有如宝石那样的城中城，金碧辉煌的屋顶衬托在各大园林的葱郁繁茂的绿荫当中。城墙上有城头堡和灰色的胸墙，三点五英里以外的内城门楼高大雄伟，耸入云霄，五英里外的外城郭门楼更像幻影一样消失在云中。天气晴朗时，可以看见远处的外城城墙……"

八、万宁桥（后门桥）

　　出景山再往北，昔日此处有皇城北端大门地安门和如两翼般张开的雁翅楼、皇城墙。1954 年，它们因阻碍交通被拆除。

　　从地安门再向北，一座极为牢固的古桥——万宁桥（后门桥）幸存至今，向人们展示着古代建筑工匠们的精湛技艺，诉说着历史的沧桑，担负着几百年来未曾停歇的重任。万宁桥因在地安门之北，地安门为皇城的后门，因此也被称为"后门桥"，此外还有"海子桥"之称。

　　万宁桥始建于元代，先为木桥，后改为石拱桥。如今石拱桥桥面上又铺上了沥青，每日车来人往，石桥仍岿然不动，安稳如初。

　　元代时，万宁桥西侧为京杭大运河的漕运终点——什刹海码头。那时，南方来的客货帆船行至桥下，都要放倒桅杆鱼贯而过，往来如梭。古桥旁店铺林立、寺观栉比。传说什刹海之名，就源于这里曾有十座古刹。

2014 年 6 月，京杭大运河被列入世界文化遗产名录。万宁桥及周边的文物古迹成为京杭大运河的重要遗产点。如今，万宁桥至北京当下旅游热点锣鼓巷一段的御河已完成了考古发掘、原址复建河道堤岸、放水入河、环境美化等工程。河中碧波荡漾，两岸绿柳婆娑、花香四溢。待中轴线申遗成功，万宁桥则将身兼两项世界文化遗产之荣。两项线性文化遗产在这里十字相交，必将碰撞出更加璀璨的文明的火花。

中轴线万宁桥一带，元明清时期为城内的"后市"，一直是城内的商货中心。清乾隆年间官修志书《日下旧闻考》记载，元代的万宁桥，也被称为"海子桥"，在清代时被称为"地安桥"，桥下河水被称为"金水"。元代诗人杨载的《海子桥送客》和宋褧的《过海子观浴象》记录了元代万宁桥的景象："金沟河上始通流，海子桥边系客舟。却到江南春水涨，拍天波浪泛轻鸥。""四蹄如柱鼻垂云，踏碎春泥乱水纹。鹭鹚鸂鶒好风景，一时惊散不成群。"当年河两岸酒楼、茶馆、商肆云集，热闹非凡；河边荷香四溢，坡岸浅缓，大象在水中沐浴、水鸟在河面上翻飞，风光旖旎，自有一种野逸的趣味。

明清及民国时期，这里的商业更加繁华，既有专门服务于大户人家的高端商铺，也有以平民百姓为主顾的各种摊位。桥头庙前一年四季也有各种摊位：风筝摊、旧书摊、秋虫摊、灌肠摊、鸽子摊、古董摊……它们不仅成为京城一景，也传承和组成了"京味文化"的一部分。清人震钧在《天咫偶闻》一书中说："地安门外大街，最为骈阗。北至鼓楼，凡二里馀，每日中为市，攘往熙来，无物不有。"

河边的许多茶馆中，还出现了说评书的，演唱八角鼓、京韵大鼓和单弦的……民国初年，一些居住在东西城的没落旗人、落魄八股文人，也参与其中，最终各成一派，固化成一种"京味"曲艺形式。万宁桥畔、什刹海边，形成了与中轴线南端天桥地区内容大不相同的文化商业景象。与天桥一样，这里也是"京味文化"重要的发源地之一。

如今，什刹海一带的烤肉季、庆云楼、爆肚张、馄饨侯、马凯餐厅等一众老字号仍生意兴隆。

九、中轴线的最北端——钟鼓楼

迈过万宁桥，就到达了中轴线最北端的一组最为特殊的建筑——钟鼓楼。钟鼓楼是钟楼和鼓楼的合称。钟和鼓都是古代的乐器，后来才演变成报时工具。钟鼓楼是用以司时的公共性建筑，北京钟鼓楼是中国现在城市钟鼓楼中规模最大、形制最高的一座。

清代重修钟鼓楼时，乾隆帝曾赞美道："皇城地安门之北，有飞檐杰阁翼如焕如者，为鼓楼。楼稍北，崇基并峙者，为钟楼。其来旧矣。……二楼相望，为紫禁后护。当五夜严更，九衢启曙，景钟发声，与宫壶之刻漏，周庐之铃柝，疾徐相应。清宵气肃，轻飙远飏，都城内外十有余里，莫不耸听。"

"一寸光阴一寸金，寸金难买寸光阴"。时间与计时，是人类特有的感知和发明。"天地玄黄、宇宙洪荒。日月盈昃，辰宿列张。寒来暑往，秋收冬藏。闰余成岁，律吕调阳"。尊重和顺应天地自然规律而生活劳作，是中华民族、中华文明数千年生生不息的法宝。钟鼓楼每日声震全城的晨钟暮鼓，不仅提醒人们日出而作、日落而息，而且安排了全城人的生活秩序。

在中国古代，鼓楼定更击鼓、钟楼撞钟报时极有规律。古人将黑夜分为五更，每更次为一个时辰，即现代的两个小时。清代原规定报时方法为：定更及亮更，皆先击鼓后敲钟，其二至四更则只敲钟不击鼓。钟楼听到鼓声后撞钟报时。乾隆以后改为只在夜里报两次更，每晚定更（即一更，19点～21点）和亮更（即五更，3点～5点）先击鼓后撞钟。定更时钟声响城门关，交通断，称为"净街"；亮更时，钟声响城门开，交通开始。这就是通常所说的"晨钟暮鼓"。击鼓和敲钟的方法相同，俗称："紧十八，慢十八"，快慢相间，共6次，共计108下。古人用108声代表一年，一年有12个月，24节气，72侯（古人把五天称为一侯，六侯为一月，一年七十二侯），这些数字相加为108。

　　在许多中国古城的城中心，都耸峙着雄伟的钟鼓楼。北京现存的钟楼是在元代钟楼的原址上复建的，元代时它原本也处在市中心，只是因为明代时北城墙南移了，它才跑到古城的北端。

　　重檐碧瓦的鼓楼高近 47 米，气势恢弘。鼓楼楼身有上下两个功能层和中间的一个结构暗层，二层内原有 25 面更鼓：正中央陈设一具大型主鼓，四周架起 24 具小鼓和传统计时器械——铜刻漏和铙神。清王朝结束后，鼓楼原有的报时功能失去了。1924 年，民国政府京兆尹（北京地区的行政长官）薛笃弼批准，将鼓楼改名为"明耻楼"（1900 年八国联军曾攻进鼓楼，破坏了鼓楼内的大鼓等文物），第二年改名为"齐政楼"。1957 年钟鼓楼被列为北京市级文物保护单位。1984 年政府拨款重修钟鼓楼，1987 年和 1988 年鼓楼和钟楼相继开放，随后作为展览功能的文物建筑得到了保护和利用。如今，它与钟楼一起成为了博物馆。

基座方正、巨石青砖砌筑的钟楼，高近 48 米，巍峨高耸。楼内顶层悬挂着一口中国现存体量最大、分量最重的古代铜钟，有"钟王"之称。它的钟声悠远绵长，圆润洪亮，在过去北京城尚无高大建筑的时代，可以传播数十里远。大钟铸于明代永乐年间，通高 7 米、直径 3.4 米，重达 63 吨！如此重超万斤的庞然大物是怎么运至此处，又怎么抬上楼顶悬挂到梁架之上的呢？那个年代可没有卡车和吊车啊。据传说，经验丰富头脑灵活的工匠们，先是在冬季时用土堆成一个从地面直达楼顶的舒缓斜坡，并给斜坡泼水，使之结冰，然后顺着光滑的冰面把大钟缓缓拉到楼顶，立在一座冰冻的高台上。接着，工匠们穿好挂钩搭好梁架，再砌筑起钟楼四边的石柱、墙体，搭建起上方的重叠交叉的石梁、拱券和琉璃瓦楼顶。等到春天来临，冰雪融化，楼内冰冻的高台也化成一摊泥土被一点点清走，大钟则安稳地悬空挂在楼内。此外，当时考虑到钟楼太高难于防火，因此工匠将其整体设计为砖石砌筑的无梁殿，没有用一根木质材料。从楼下石拱门洞走进楼内，需登 75 级台阶才能到二层楼上平台。

2015 年，在鼓楼脚下东南角，新建成的一座古色古香的北京时间博物馆对社会开放。开馆时的展览，通过图片、模型和文字说明，展示人类计时技术发展的历史、人类对时间的认识和思考，以及时间的意义，告诉人们时间是美好的。春天百花盛开，人们辛勤播种；秋天万物成熟，人们喜获丰收。少年时奋发向上，中年时成熟稳重，老年时睿智平和，时间观决定着人生的轨迹。这座博物馆与古老的钟鼓楼一起，提醒着世人正确认识时间，把握好人生。

明代搬运现存于海淀区大钟寺内的永乐大钟时，国子监博士袁宏道曾赋诗记载当时的场景："十龙不惜出禁林，万牛回首移

山麓。""道傍观者肩相摩，车骑数月犹驰逐。"永乐大钟重46吨，悬挂在一层钟楼内，搬运实属不易。而中轴线钟楼上的大钟悬挂在47米的高空，钟楼本身悬挂如此硕大重物，其难度亦可想而知。钟楼的如雷钟声迎朝霞伴晚照一日不息，鸣响千千万万日，而钟依然安稳如山，不能不令人惊叹！当代建筑大师梁思成当年将钟楼确定为古城中轴线的北端，大概也是因为心存崇敬吧！

北京中轴线是中国古代城市建设的典范之作。来到中轴线的游客，不论国籍、职业、年龄、性别，只要转一转、看一看、品一品北京中轴线，就会被它所折服和倾倒。而在建筑家眼里，北京中轴线就更是值得永世呵护的珍宝了。美国著名建筑学家、城市规划专家贝肯称誉说："北京城是地球表面上人类最伟大的个体工程"。中国近代建筑之父梁思成因中轴线的存在而称北京城是"古代中国都城的无比杰作"。他说："一根长达八公里，全世界最长、也最伟大的南北中轴线穿过了全城。北京独有的壮美秩序就由这条中轴的建立而产生。前后起伏、左右对称的体形或空间的分配都是以这中轴线为依据的；气魄之雄伟就在这个南北引申、一贯到底的规模。""南北向布置，主要建筑排列其上，左右以次要建筑，对称均齐地配置。"

北京的中轴线，规范着城市的秩序，记录着民族的复兴，彰显着人民的智慧。

当笔者漫游北京中轴线时，民族自豪感油然而生，特赋诗一首：

中轴赞

煌煌中轴，统领古都。南北贯通，城市脊骨。

道路笔直，殿堂起伏。永定正阳，相互注目。

左右两坛，扎稳马步。天桥杂艺，京城风俗。

前门宝地，商贸为主。跨过前门，天翻地覆。

左右两厦，庄严肃穆。广场中心，敬先祭祖。

国旗飘扬，士兵齐步。钢枪闪亮，英姿威武。

金水石桥，碧波托浮。天安城楼，万民仰慕。

紫禁皇宫，恢宏殿庑。天人合一，顺应万物。

拒绝平庸，景山突兀。登顶临风，四周环顾，都城美景，眩人眼目。

东升旭日，广厦托护，国际风范，非此莫属。

中轴北延，奥运永驻。场馆美奂，当代杰出。

遥望西山，苍莽起伏，白云相衬，水墨一幅。

回眸皇城，黄金满镀，两旁胡同，杨柳扶疏。

人生一世，晨钟暮鼓，万丈豪情，沧海一粟。

中华民族，历经千古，世代先人，不畏艰苦。

挺直脊梁，战胜屈辱，国家新生，人民幸福。

中轴景象，启迪心腑，怀梦奋斗，永无止步。

一生行为，志向约束，如同中轴，刚正无骛。民族复兴，苍天不负！

中轴魂

煌煌中轴流顾古都
南北贯通城市脊骨伏
道路笔直殿堂起伏
永定正阳祖互迎目
天桥失光京城风俗
左右西坛百年商贾
前门金地庄严肃穆
吟过前门英雄高追
左右中而顶门
浮雕塑列画心
广场列画心
国旗飘扬闪亮
钢枪闪亮英姿武
金水石桥碧波托源武
天安城楼方民仰慕
紫禁皇宫预宏殿宅
天人合一顺应石物